누리 과정에서 쏙쏙

신체운동·건강 건강하게 생활하기 – 몸에 좋은 음식에 관심을 가지고 바른 태도로 즐겁게 먹는다.
　　　　　　　신체활동 즐기기 – 실내외 신체활동에 자발적으로 참여한다.

초등 과정에서 쏙쏙

통합 나2　1.나의 몸 – 내 몸을 살펴요, 내 몸을 깨끗이 해요, 내 몸이 아파요
도덕 3　1.소중한 나 – 어떻게 하는 것이 나를 소중히 하는 것일까요?, 나를 소중히 하는 생활을 실천해요
과학 5-2　1.우리 몸

감수 및 추천 이명근 박사(미국 존스홉킨스 대학교 교수 역임, 현재 연세대학교 보건대학원 교수)

세계 곳곳의 재난지에 뛰어들어 어린이들은 물론 도움이 필요한 사람들을 구조하며 봉사의 삶을 사는 분입니다. 알아야 더 잘할 수 있다는 믿음으로 연세대학교 보건대학원에 '국제 재난 대응 전문가 과정'을 개설하여 많은 재난 구조 전문가를 양성하고 있습니다. 국제 NGO인 '머시코'(Mercy Corp.)와 UNDP(유엔경제개발계획)에서 활동하기도 했습니다. 지금은 재난 구호의 필요성을 알리고, 아시아와 아프리카의 개발을 위해 '코이카'(KOICA, 한국국제협력단)와 국제 개발 기관인 '글로벌 투게더' 등과 함께 봉사에 앞장서고 있습니다.

글 정수은

오랫동안 어린이 책을 기획하고 글을 써 왔습니다. 지금은 어린이 책 기획사인 '보리별'을 이끌며 세상을 비추는 별과 같이 행복하고 유익한 어린이 책들을 만들기 위해 노력하고 있습니다. 지은 책으로는 〈머리가 좋아지는 만화 이야기편, 인물편, 학습편〉, 〈신나는 TV학습법〉, 〈나라를 지킨 호랑이 장군들〉, 〈천 년을 만든 사건 20〉, 〈하하하 이야기책, 신나는 이야기책〉, 〈Why 독 있는 동식물〉, 〈Why 동굴〉, 〈경제〉 등 다수가 있습니다.

그림 이주연

대학 졸업 후, 음반 기획사에서 휘성, 거미, 빅마마의 캐리커처 작업을 하였으며 작사가로도 활동하였습니다. 현재는 프리랜서 일러스트레이터로 활발한 활동을 하고 있으며, 그린 책으로는 〈아이와 함께 떠나는 철학 여행〉, 〈찔레는 다 알아〉, 〈행복한 놀이〉, 〈안데르센 동화집〉, 〈시끌벅적 일요일〉, 〈How Is The Weather?〉, 〈톰 소여의 모험〉, 〈1분 동화〉, 〈올리버 트위스트〉, 〈아인슈타인〉 등이 있습니다.

인체 | 소화
27. 쿨렁쿨렁 소화 다 됐어요

글 정수은 | 그림 이주연
펴낸곳 스마일 북스 | **펴낸이** 이행순 | **제작 상무** 장종남
대표 조주연 | **주소** 서울특별시 종로구 사직로8길 20, 103호
출판등록 제2013 - 000070호　**홈페이지** www.smilebooks.co.kr
전화번호 1588 - 3201　**팩스** (02)747 - 3108
기획 · 편집 조주연 김민정 김인숙 | **디자인** 김수정 정수하
사진 제공 및 대여 셔터스톡 연합뉴스 프리픽

이 책의 모든 글과 그림 등의 저작권은 스마일 북스에 있습니다.
본사의 허락 없이 이 책에 실린 내용의 일부 또는 전체를 어떤 형태로든지
변조하거나 무단 복제하는 것은 법으로 금지되어 있습니다.

⚠ 책을 집어던지면 다칠 수 있으니 조심하십시오. 잘못 만들어진 책은 바꾸어 드립니다.

쿨렁쿨렁 소화 다 됐어요

글 정수은 | 그림 이주연

스마일
Smile Books

궁궐에서 *의녀들의 수업이 한창이에요.
*어의가 어린 의녀들을 향해 말했어요.
"전하와 세자께서 건강하신지 아닌지 어떻게 알 수 있느냐?"
그러자 똑순이가 자신 있게 대답했어요.
"똥, 아니 *매화를 찍어 먹어 보면 압니다."

의녀 병을 고치는 간단한 기술을 익혀, 환자를 돌보던 여자를 말해요.
어의 궁궐 안에서 왕이나 왕족을 치료하는 의원을 말해요.
매화 궁궐에서 왕의 똥을 가리키던 말이에요.

"그렇지! 정말 똑똑한 의녀로다.
자, 보아라.
이런 세 가지 매화가 있다면, 건강은 어떠하겠느냐?"
어의의 질문에, 똑순이가 또 냉큼 대답했어요.
"묽은 매화는 소화가 잘 안 된 것이고,
단단한 매화는 채소를 먹지 않고 오래 참은 것이고,
굵고 긴 매화는 아주 건강한 상태입니다."

똑소리 나는 똑순이는 어의를 도와
어린 세자의 건강을 살피는 일을 맡았어요.
그런데 아무래도 세자의 배가 이상했어요.
마치 올챙이처럼 볼록했기 때문이에요.

얼굴빛도 누렇게 뜬 걸 보니
세자가 며칠째 똥을 누지 못한 게
틀림없었어요.

어의가 세자에게 약을 지어 올렸어요.
"탕약은 써서 싫어. 안 먹어!"
세자는 약사발을 내팽개쳤어요.

며칠 뒤, 걱정했던 일이 터지고야 말았어요.
세자가 배를 움켜쥐고 방바닥을 데굴데굴 굴러다녔어요.
"으~, 아이고, 배야! 똑순아~, 나 좀 살려 다오."

"약도 드시지 않으니
걱정이 많습니다."
어의가 어두운 얼굴로 말하자,
*중전 마마의 눈에는 눈물이 글썽,
임금님의 꾹 다문 입술에서는
한숨이 푸욱~.

중전 임금님의 아내를 높여 부르는 말이에요.

그때 똑순이가 조심스럽게 입을 열었어요.
"전하, 제가 세자 *저하의 병을 낫게 해 보겠습니다."
"어허, 정말이냐? 그 방법이 무엇인고?"
"세자 저하의 병은 소화와 관련이 있사옵니다."
똑순이는 차근차근 설명을 시작했어요.

저하 세자를 높여 부르는 말이에요.

사각사각 맛있는 사과를 한 입 베어 먹으면
와그작와그작, 단단한 **이**가 사과를 부수고,
침 속에 들어 있는 소화 효소가 물렁물렁하게 만들고,
꿀꺽 삼키면 **식도**를 타고 위로 내려가지요.

오호라~ 그렇구나!

식도

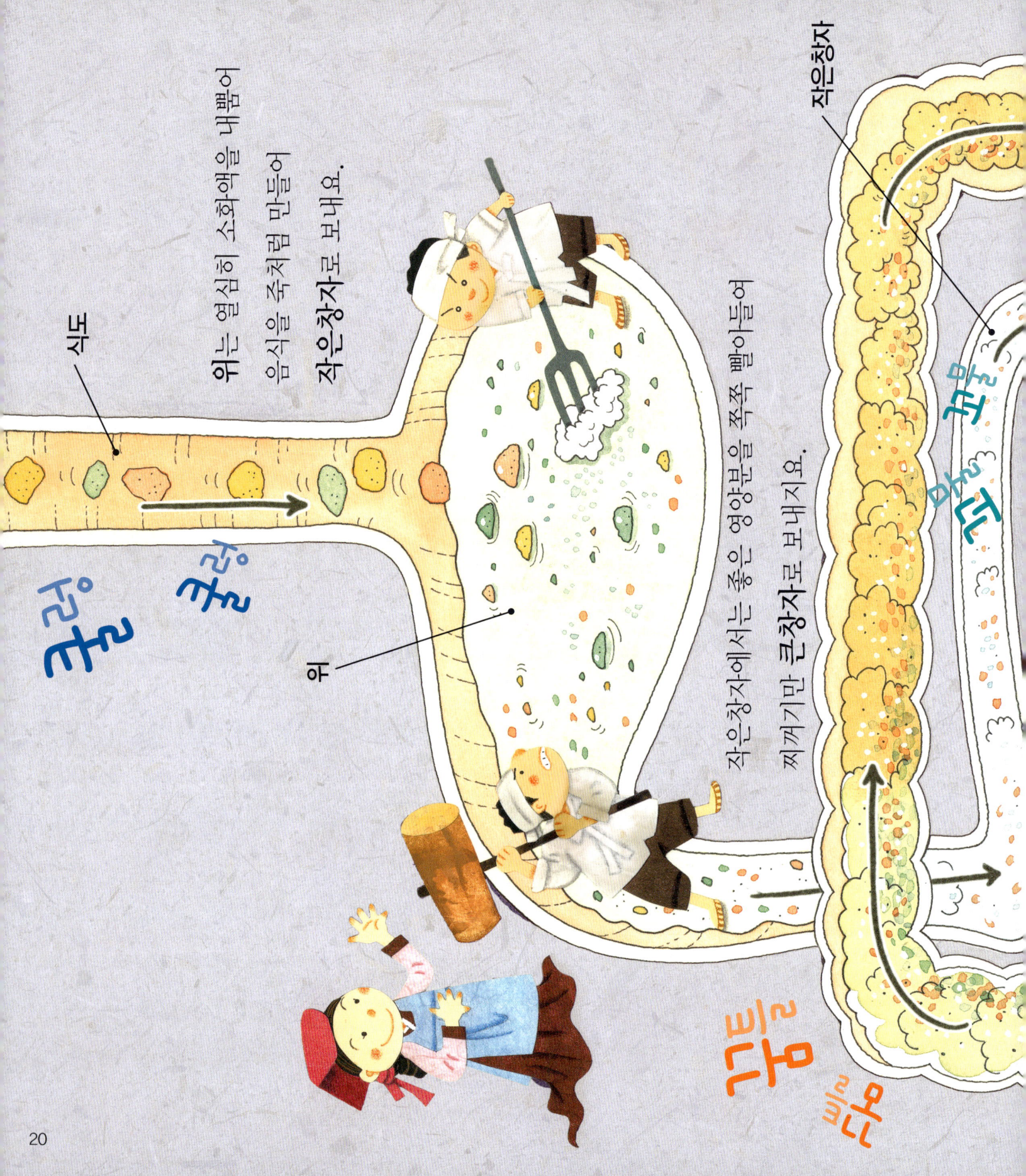

세자 저하는 음식을 골고루 드시지 않고,
운동도 하지 않으시니 소화가 제대로 되지 않는 것입니다.

소화가 제대로 되지 않으면 똥이 잘 나오지 않고,
해로운 가스가 배에 가득 차게 되지요.
그래서 냄새가 고약한 방귀를 뀌기도 하고,
배가 콕콕 찌르듯이 아프기도 합니다.

어, 어떡하지?
방귀가 나오려고 해.
참으려니까 배가
더 아프네.

세자 저하의
병은 *변비입니다.

변비 똥이 큰창자 속에 오래 머물고 있으며, 잘 누어지지 않는 병이에요.

설명을 마친 똑순이는 세자에게 말했어요.
"고기만 드시지 말고, 이런 음식들도 골고루 다 드셔야 합니다.
꼭꼭 천천히 많이 씹어 드셔야 하고요."

"또한 운동도 꾸준히 하면 *내장이 튼튼해집니다.
그러면 소화도 잘되고, 똥도 술술 잘 나옵니다.
아차, 그리고 똥을 참지 않는 것도 중요하답니다."

내장 가슴안이나 배안 속에 있는 여러 가지 기관을 통틀어 이르는 말이에요. 위, 창자, 간, 콩팥 따위가 있어요.

똑순이, 장하다!

다음 날부터
똑순이는 세자의 병을 고치기 위해 이리저리 바빴어요.
세자에 대한 것은 무엇이든 꼼꼼하게 챙겼어요.

소화의 비밀을 밝혀라!

우리가 먹은 음식을 잘게 부수고, 영양분을 몸속으로 흡수하고, 건강한 똥을 내보내는 과정을 **소화**라고 해요. 음식을 먹고 나서 똥이 나오기까지 여러 과정을 거쳐요.

1 아작아작 씹어요

이가 음식을 씹어 잘게 부수고 소화하기 쉽도록 만들어요. 잘게 부서진 음식은 침과 섞여 식도를 거쳐 위로 내려가요.

2 흐물흐물 죽처럼 변해요

위는 소화액을 내뿜으며 힘차게 움직여서 음식을 부드러운 죽처럼 만들어요. 죽처럼 된 음식은 작은창자로 내려가요.

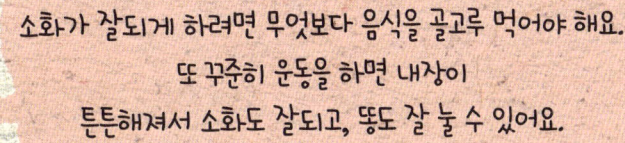

소화가 잘되게 하려면 무엇보다 음식을 골고루 먹어야 해요.
또 꾸준히 운동을 하면 내장이
튼튼해져서 소화도 잘되고, 똥도 잘 눌 수 있어요.

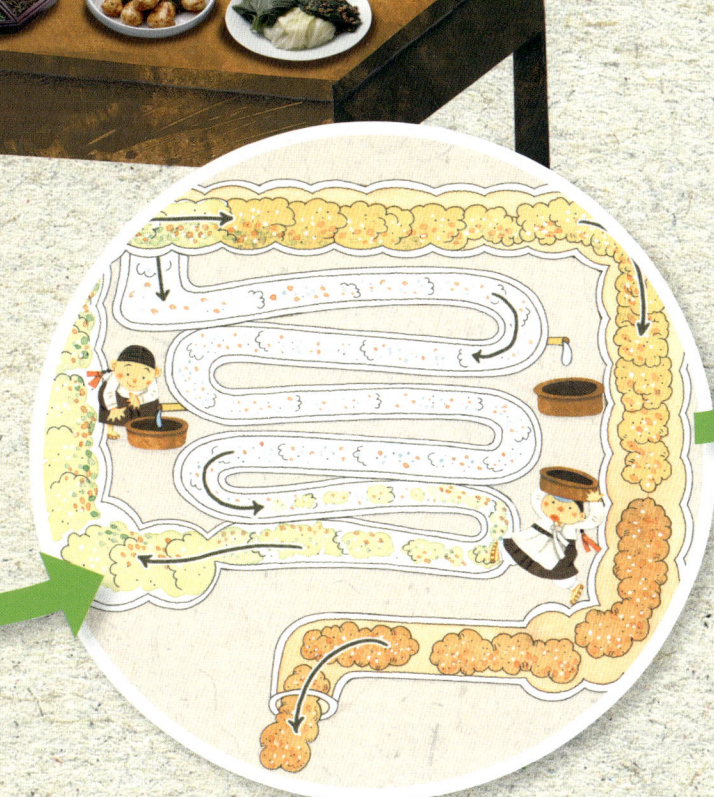

3 꿈틀꿈틀 창자를 따라서!

작은창자와 큰창자는 호스처럼
길어요. 이곳에서는 영양분과 물을
빼낸 후, 남은 찌꺼기는 항문을
통해 몸 밖으로 내보낸답니다.

4 뿌지직뿌지직!

똥은 음식이 소화되고 남은 찌꺼기예요.
똥을 보면 몸이 건강한지 아닌지 알 수
있어요. 건강한 똥을 누려면 물과 과일,
채소를 많이 먹어야 해요.

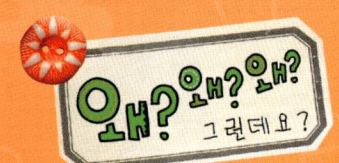
소화에 대한 요런조런 호기심!

음식을 먹으면 곧바로 똥이 되어 나오나요?

음식이 소화돼서 똥이 될 때까지는 보통 하루가 걸려. 하지만 설사를 하게 되면 2시간도 안 걸린단다. 그런데 밥을 먹자마자 똥이 마려울 때가 있지? 그 이유는 소화시키느라고 창자가 꿈틀꿈틀 움직일 때, 전에 먹은 음식 찌꺼기가 모여 있는 큰창자 끝을 건드려 똥이 마려운 거란다.

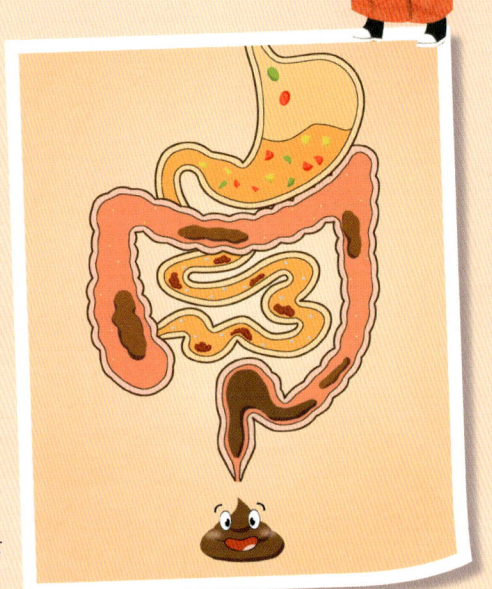

물과 채소, 과일을 많이 먹고 운동을 하면 똥을 잘 눌 수 있어요.

방귀는 왜 나오나요?

공기는 숨 쉴 때뿐만 아니라, 음식을 먹을 때에도 몸속으로 들어가. 음식과 함께 들어온 공기는 위와 작은창자, 큰창자까지 내려가는 동안 음식물이 소화되면서 나온 가스와 섞여 항문을 통해 빠져나간단다. 그것이 바로 방귀야. 고기나 우유를 많이 먹으면 고약한 냄새가 나고, 채소나 밥을 먹으면 냄새가 거의 안 나. 대신 소리가 크게 난단다.

방귀는 보통 하루에 13번 정도 뀌어요.
창피하다고 방귀를 억지로 참지 마세요.

똥은 왜 똥색인가요?

하얀 밥, 초록 오이, 주황색 당근, 빨간 사과, 보라색 포도 등 우리가 날마다 먹는 음식물은 모두 색깔이 달라. 그런데 왜 똥은 늘 같은 똥색일까? 그것은 음식물이 소화될 때 간에서 나온 물 같은 소화액이 많이 섞이기 때문이야. 이 소화액의 색깔이 황갈색이어서 똥 색깔도 늘 비슷한 거란다.

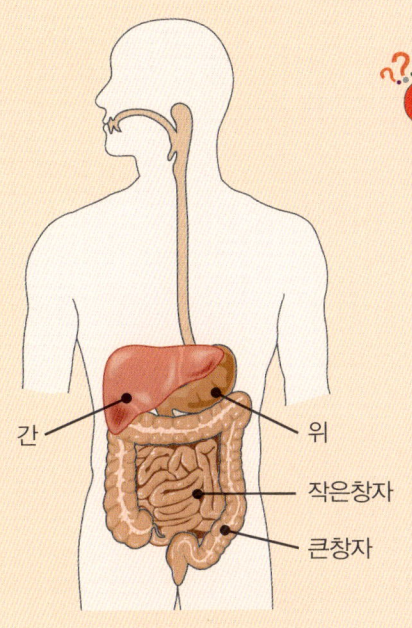

간, 위, 작은창자, 큰창자

간에서 나오는 황갈색의 소화액이 똥을 똥색으로 만들어요.

추운 겨울에는 오줌이 왜 자주 마려운가요?

오줌은 '신장'이라고도 불리는 두 개의 콩팥에서 만들어져. 콩팥은 피를 깨끗하게 해 주고, 우리 몸에 필요하지 않거나 좋지 않은 것을 걸러 내지. 이렇게 걸러진 찌꺼기들이 바로 오줌이란다. 날이 추우면 땀을 거의 흘리지 않기 때문에 오줌으로 나오는 양이 많아지고, 오줌이 자주 마려운 거란다.

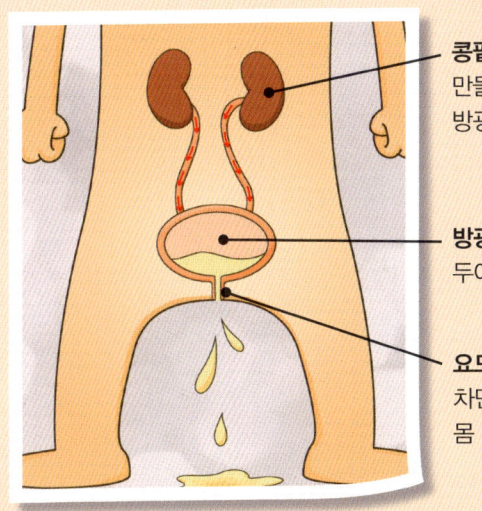

콩팥 피를 깨끗하게 만들고 찌꺼기인 오줌을 방광으로 보내요.

방광 오줌을 모아 두어요.

요도 방광에 오줌이 차면 요도를 통해서 몸 밖으로 나와요.

방광이 자주 꽉 찰수록 오줌이 자주 마려워요.

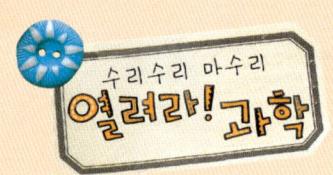

배가 아프지 않으려면?

음식을 너무 많이 먹거나, 아이스크림이나 찬 음료수 같은 음식을 많이 먹으면 배가 아파요. 소화가 잘 안 되기 때문이에요.

음식을 많이 먹으면 배탈이 나요. 위가 너무 가득 차서 소화를 시킬 수 없기 때문이에요.

아이스크림이나 찬 음료수를 많이 먹으면 내장이 활발히 움직이지 못해서 소화가 안 돼요.

배가 아프면 음식을 소화시키기 어려워요. 쌀을 오래 끓여서 만든 죽을 먹으면 소화가 잘돼요.

배 아파요!

오늘은 내가 요리사

우리 몸이 건강해지려면 골고루 먹어야 해요.
아래의 빈 그릇에 우리 몸을 튼튼하게 해 주는 음식을 그리거나 적어서
영양이 가득한 상을 차려 보세요.